# PERTES ÉPROUVÉES

PAR LES

# BIBLIOTHÈQUES PUBLIQUES

## DE PARIS

PENDANT LE SIÉGE PAR LES PRUSSIENS EN 1870

ET PENDANT LA DOMINATION

DE LA COMMUNE RÉVOLUTIONNAIRE EN 1871.

———

## RAPPORT

A M. LE MINISTRE DE L'INSTRUCTION PUBLIQUE

PAR

# M. BAUDRILLART

Membre de l'Institu., Inspecteur général des bibliothèques.

DEUXIÈME ÉDITION

REVUE ET CORRIGÉE.

## PARIS

LIBRAIRIE LÉON TECHENER

RUE DE L'ARBRE-SEC, 52.

1872.

# PERTES ÉPROUVÉES



# BIBLIOTHÈQUES PUBLIQUES

## DE PARIS

PENDANT LE SIÈGE PAR LES PRUSSIENS EN 1870

ET PENDANT LA DOMINATION

DE LA COMMUNE RÉVOLUTIONNAIRE EN 1871.

## RAPPORT

A M. LE MINISTRE DE L'INSTRUCTION PUBLIQUE

PAR

## M. BAUDRILLART

Membre de l'Institut, inspecteur général des bibliothèques.

### DEUXIÈME ÉDITION

REVUE ET CORRIGÉE.

## PARIS

### LIBRAIRIE LÉON TECHENER

RUE DE L'ARBRE-SEC, 52.

1872.

# RAPPORT

SUR LES PERTES ÉPROUVÉES PAR LES BIBLIOTHÈQUES PUBLIQUES , DÉPENDANT DU MINISTÈRE DE L'INSTRUCTION PUBLIQUE, A PARIS, SOIT PENDANT LE SIÉGE PAR LES PRUSSIENS, SOIT PEN-DANT LA DOMINATION DE LA COMMUNE RÉVOLUTIONNAIRE.

Monsieur le ministre ,

Vous m'avez chargé de rechercher et de vous faire connaître les pertes subies par les bibliothèques publiques qui
dépendent de votre ministère, soit pendant le siége de Paris
par les Prussiens , soit sous la domination de la Commune
révolutionnaire. Nous devons rendre cette justice aux enne-
mis qui nous ont causé tant de sortes de maux : s'ils nous ont
enlevé bon nombre de nos bibliothèques particulières, comme
de nos collections les plus précieuses , ils ont , en général ,
respecté nos bibliothèques publiques. Leurs obus, il est vrai,
n'épargnaient pas notre admirable bibliothèque de Strasbourg , non plus qu'ils ne faisaient grâce à la flèche de la
cathédrale de cette grande et malheureuse ville. Hélas !
lorsque cette nouvelle nous arrachait un cri de douleur, nous
ne pensions pas que c'était Strasbourg même, avec les débris
de ses bibliothèques incendiées, qui allait passer entre les
mains des Allemands. Avec Metz, avec Colmar, avec Sche-
lestadt, nous perdons aussi plusieurs importantes bibliothèques dont s'honorait la France. Dans la destruction du palais
de Saint-Cloud par le bombardement, se trouve comprise sa
magnifique bibliothèque, si riche en grands ouvrages à figures et en reliures de luxe, complétement disparue ; et quelques volumes de la Bibliothèque impériale, qui · ⸱. ⸱ient été
transportés, ont péri également. Voilà bien des pertes ! Mais,

dans les villes momentanément occupées ou qui le sont encore en ce moment même, j'en ai acquis la certitude, en inspectant la plupart de leurs bibliothèques, il n'y a point eu de dégâts sérieux, et tout se réduit à l'enlèvement de quelques cartes de géographie (1).

A Paris, le bombardement, qui n'a pas épargné nos hospices, n'aurait pas épargné davantage nos bibliothèques. On peut en juger par d'autres établissements scientifiques, tels que le Muséum et le Collége de France. Mais, soit que les obus n'aient pas porté jusqu'à elles, soit, pour celles qu'ils ont frappées, que les précautions ordonnées par vous dès le début du siége aient eu une heureuse efficacité, le mal a été nul. Combien la guerre civile, sous ce rapport, nous a été plus cruelle ! Ce qu'elle a entassé de ruines de ce genre, comme de tant d'autres manières, n'est-il pas présent à tous les esprits ? C'est à rendre compte de ces pertes pour les bibliothèques placées dans votre département que ma tâche se trouve circonscrite, et, même ainsi limitée, elle n'a encore que trop d'étendue.

Il s'en faut pourtant que le mal ait eu partout la même gravité.

J'ai déjà constaté, monsieur le ministre, dans un précédent Rapport que j'ai eu l'honneur de vous adresser relativement à la bibliothèque Mazarine, à la bibliothèque de l'Arsenal et à la bibliothèque Sainte-Geneviève, que ces grands établissements avaient, de même que la Bibliothèque nationale, heureusement peu souffert. La perte principale, celle qu'a éprouvée la bibliothèque Mazarine, n'est pas telle elle-même qu'elle ne puisse, au moins en grande partie, être réparée. Cette perte consiste d'abord en quatre volumes

(1) Il nous faut malheureusement faire une exception : la bibliothèque de l'École spéciale militaire de Saint-Cyr a été en partie détruite par les Prussiens. Ils ont dépareillé nombre d'ouvrages importants, détruit ou enlevé la *Collection des documents inédits sur l'Histoire de France*, la *Correspondance de Napoléon*, les collections du *Journal militaire*, du *Spectateur militaire*, etc.

manuscrits. Ces manuscrits avaient été prêtés à l'auteur de savantes recherches sur l'histoire de France, chez qui ils ont été brûlés, avec sa propre bibliothèque, à Neuilly, par le bombardement des insurgés, qui atteignit cette commune au mois de mai dernier. Ils se composaient d'abord d'un manuscrit du xvii° siècle (Dubuisson-Aubenay, *Mémoires sur les guerres civiles de France*); puis, de trois volumes numérotés 1765, 2786 et 2786 A. Le numéro 1765 dépareille une collection de *Mélanges* qui contenait trente-trois volumes. Les numéros 2786 et 2786 A sont les deux premiers d'une seconde collection d'œuvres du même auteur, qui comptait sept volumes.

Les pertes quant aux imprimés, quoique n'ayant qu'une importance secondaire, méritent pourtant d'être signalées. Un obus, lancé par les insurgés, tombait, au milieu de la nuit, dans la grande galerie Naudé, qui occupe l'étage supérieur de la bibliothèque Mazarine ; il brûlait ou mutilait un certain nombre d'ouvrages. Les volumes atteints par l'obus appartiennent tous au nouveau fonds d'histoire, du format in-4°. C'étaient des ouvrages, en eux-mêmes curieux et utiles à consulter, dans un bon état de conservation, quelques-uns recouverts d'assez belles reliures anciennes. L'indication de ces livres, que je donne ci-dessous, vous permettra, au reste, monsieur le ministre, d'apprécier avec précision le degré de la perte (1).

(1) N° 1417. — Πεντηκόνταρχος, par Ramirez, 1612.

N° 1418. — Bruschius, Chronologia monasteriorum Germaniæ, 1682.

N° 1419. — Colluccii de Bello belgico pars altera, 1677. 2 vol.

N° 1424. — Historia Ecclesiæ lusitanæ, 1759.

N° 1425. — Thomas di Burgo, Hibernia dominica, 1762.

N° 1429. — Calendæ regiæ, 1659.

N° 1530. — Historia di Poggio, 1598.

N° 1431. — Chronique de Savoie, par Guillaume Paradin. *Lyon*, 1552.

N° 1432. — Apologie pour la Maison de Savoie, 1631.

N° 1436. — Taisan, Vies des jurisconsultes, 1737.

Je passe aux deux autres bibliothèques : l'Arsenal et Sainte-Geneviève. L'Arsenal n'a subi que d'assez faibles dommages. Un éclat d'obus des insurgés écrasait un volume in-4°, de peu de valeur : Pompei Festi, *de Verborum significatione*, avec les notes de Dacier, édition de 1681, *ad usum Delphini*. Le même éclat détruisait un pilastre d'un

N° 1438. — Histoire du siége de Dunkerque. *Paris*, 1649.

N° 1444. — Doglioni, Del theatro universale de' principi. *Venetia*, 1606.

N° 1653. Königlischer danischer hof und staats Kalender, von Mathias Rohlfs.

N° 1657. — Baglione, le Vite dei pittori, 1733.

N° 1659. — De origine, moribus et rebus gestis Scotorum, authore Joanne Leslœo. *Romæ*, 1578. Exemplaire de l'auteur.

N° 1661. — Wolfius, Notitia Karæorum. *Hambourg*, 1714.

N° 1662. — Cooper's Chronicle, 1565.

N° 1664. — Fabricius, Rerum misnicarum libri VII.

N° 1665. — Commentaires sur les Prophéties de M. de Nostredame, 1594.

N° 1666. — De vario Bononiæ statu, Barthol. Dulcini. 1581.

N° 1667. — Caroli Sigonii, de vitâ Laurentii Campegii. *Bononiæ*, 1581.

N° 1669. — Manifesto del sig. Ludovico Birago. *Torino*, 1561.

N° 1670. — La Congiura del conte Luigi di Fieschi, 1675.

N° 1672. — Atenco dei letterati milanesi.

N° 1674. — Historia di Girolamo Mutio, de' fatti de Federico de Montefeltro, duca d'Urbino. *Venetia*, 1605.

N° 1675. — Sicanicarum rerum compendium, Maurolyco. *Messanæ*, 1561.

N° 1854. — Du Bois, Vies des gouverneurs généraux des Indes Orientales, 1763.

N° 1912. — Étrennes françoises, 1766. 2 exempl.

N° 1913. — Récit de ce qui s'est passé pendant la construction d'un nouvel Hôtel-Dieu, 1773. — Ce volume, aux armes du roi, renferme un mémoire autographe du célèbre architecte Antoine sur la construction de l'Hôtel-Dieu. On pourra le faire restaurer

N° 2296. — Vida de D. Bartolome de los Martires. Madrid, 1625.

Ces livres, curieux et rares, étaient la plupart revêtus de ces bonnes reliures anciennes en veau fauve, faites pour De Thou Colbert, Mazarin et autres hommes d'un goût éclairé.

des panneaux de l'oratoire du cabinet de Sully, brisait quelques carreaux et quelques boiseries, et faisait cinq crevasses dans les côtés d'autant de fenêtres. La bibliothèque Sainte-Geneviève a perdu aussi quelques volumes. Pendant le bombardement de Paris par les Prussiens, dans la nuit du 8 au 9 janvier, un fragment d'obus, traversant une des fenêtres de la partie inférieure des bâtiments, avait pénétré dans la réserve sans y causer de ravages.

La même bibliothèque devait être moins épargnée sous le règne de la Commune. Au moment où nos troupes victorieuses entraient dans Paris, pendant les courts instants où la Commune semblait compter encore sur les efforts d'une résistance désespérée, un obus pénétra, du côté du collége Sainte-Barbe, dans la galerie supérieure de la bibliothèque, et dispersa à une grande distance cinquante-trois volumes. Parmi ces volumes, appartenant tous à la section de géographie, les uns seront facilement remplacés, les autres pourront être réparés par le relieur. Les plus nombreux font partie d'une petite édition, format in-12, de l'*Histoire des voyages* par l'abbé Prévost (reliure en maroquin rouge); les autres appartiennent au Bulletin de la Société de géographie, ou bien à la collection commencée par M. Vivien de Saint-Martin sous le titre d'*Année géographique*.

Heureuses les bibliothèques de Paris, si elles en eussent été quittes à si bon marché! La France, l'Europe entière, savent qu'il est loin d'en avoir été ainsi, et la postérité ne s'en souviendra que trop pour l'honneur de la civilisation au dix-neuvième siècle. Les pertes que nous ont fait subir les nouveaux barbares sont immenses, incalculables. Deuil inconsolable pour l'érudition et les lettres, comme pour l'art de l'imprimerie, de la reliure et de la bibliophilie! S'il s'agit de valeur vénale, la perte s'élève à plusieurs millions.

Quant au dommage intellectuel, les chiffres n'en peuvent donner aucune idée. Quelle perte que la bibliothèque de l'Hôtel de ville! CENT VINGT MILLE VOLUMES, dont bon nombre se rapportaient à l'histoire de Paris, livres précieux par

leur beauté comme par l'intérêt des renseignements adminis-
tratifs de tout genre ! On y avait joint, depuis quelques années, la nombreuse collection des documents historiques
et des *State's papers* de l'Amérique du Nord, donnée à la
ville de Paris par le gouvernement des États-Unis. Que de
raretés, parmi lesquelles des ouvrages uniques, comme le
superbe livre d'*Heures* de Juvénal des Ursins, orné de miniatures exquises du quinzième siècle, qui avait passé de la
bibliothèque de M. Ambroise-Firmin Didot dans celle de
la ville de Paris (1) ! C'étaient de bien remarquables bibliothèques spéciales que la bibliothèque du Conseil d'État, avec
laquelle disparaissent aussi les importants procès-verbaux
des séances durant de longues années ; que celles de la Cour
des comptes, de la Cour de cassation, qui n'avait pas moins
de 50,000 volumes contenant la collection de jurisprudence
la plus complète, que celles de la Légion d'honneur, de
l'Ordre des avocats, enfin du Ministère des finances ! Comment ne pas comprendre dans les mêmes regrets la bibliothèque de la Préfecture de police, si abondante en documents manuscrits sur la Révolution, et qui offrait aussi une
collection unique de journaux modernes, futurs matériaux
de l'histoire politique de notre temps ?

Dans les bibliothèques publiques dépendant de l'État et
qui ressortissent à votre ministère, se renferme naturelle-
ment la mission que vous m'avez fait l'honneur de me confier.
Or une seule de ces bibliothèques a éprouvé de profonds
dommages ; disons plus : il s'agit d'une destruction complète.
Vous ne voyez que trop, monsieur le ministre, de quelle
bibliothèque je veux parler : LA BIBLIOTHÈQUE DU LOUVRE A
PÉRI TOUT ENTIÈRE !!!!...

Parmi nos autres bibliothèques plus nombreuses, d'une
valeur plus grande encore, c'était, nous le savons tous, un
joyau qui brillait d'un éclat particulier, inappréciable. La
richesse et le goût en formaient le double caractère. La haute

(1) Voyez la Notice de M. Le Roux de Lincy sur le Missel de Juvénal des Ursins : *Bulletin du Bibliophile*, an. 1861, p. 465.

curiosité érudite et littéraire y était représentée par des monuments écrits ou imprimés, qu'on ne retrouve pas toujours dans les plus fameux dépôts de l'Europe. Assemblage rare de pièces curieuses, de manuscrits importants, d'imprimés d'une exécution incomparable, d'estampes en épreuves de choix, d'ouvrages à figures, qui égalaient au moins, pour la beauté et le prix, ce que les autres bibliothèques possèdent de plus accompli; musée de reliures enfin, tel qu'il comptait peu de rivaux, tout cela a disparu sans laisser de traces, pas même celles qui survivraient dans un catalogue ! Le catalogue ou plutôt les catalogues ont été brûlés comme le reste. Perte trop réelle aussi ! car plusieurs de ces catalogues étaient des chefs-d'œuvre de patience et d'ordre, et la bibliothèque du Louvre ne laissait rien désirer en ce genre d'informations bibliographiques, ce que pourraient lui envier la plupart de nos bibliothèques. Le catalogue par ordre alphabétique de noms d'auteurs et le catalogue par ordre de matières, tous deux si utiles, y étaient tenus avec une grande exactitude. Il y avait des catalogues spéciaux pour les collections et les recueils. Ces différents catalogues formaient soixante volumes in-folio. La table seule des noms d'auteurs en formait vingt-sept. On peut dire sans exagération que le catalogue des collections composait, à lui seul, un magnifique ouvrage, des plus intéressants et des plus utiles à quiconque voulait se livrer à des recherches rapides et complètes. Le catalogue des pièces de la Révolution était notamment un trésor. Il en était de même de la table des matières, formant une centaine de volumes, de la grande collection juridique et historique, dite de Saint-Genis, table immense, indispensable pour s'orienter dans ce dédale d'arrêts qui comprennent une succession de siècles. On regrette amèrement que ces catalogues n'aient pas été imprimés. J'appelle une fois de plus, permettez-moi d'en faire la remarque ici, la confection de catalogues imprimés dans toutes les bibliothèques publiques en France, comme il en existe déjà heureusement un certain nombre. La facilité de la recherche, non-seulement pour les bibliothécaires, mais pour ceux qui travaillent, et l'avantage de la durée des catalogues, les réclament également. Seuls, les catalogues imprimés rendront possible la statistique complète de nos richesses bibliographiques, trop imparfaitement connues par nous-mêmes. Si la bibliothèque du Louvre avait laissé un tel catalogue, nous n'en serions pas à rechercher trop souvent, comme à tâtons, je ne dis pas les noms des cent mille volumes dont elle se composait, travail infini de reconstruction impossible à la mémoire, mais les noms mêmes de tant d'ouvrages précieux à différents titres, qu'il m'a fallu tirer de documents divers ou arracher, comme un à un, au risque de plus d'un oubli de la part même des hommes les plus compétents et familiarisés avec ces livres, des bibliothécaires du Louvre ou de ceux qui, sans être attachés à ce bel établissement, en avaient une connaissance plus ou moins approfondie. J'ai dû les consulter presque tous, pour arriver à former l'inventaire de ce que cette bibliothèque contenait de plus important. C'est cet inventaire des choses précieuses et rares, à jamais perdues, mais dont un certain nombre a ou peut avoir des analogues, que je vais mettre sous vos yeux.

Comment, toutefois, me dispenserais-je, avant d'arriver aux détails, d'indiquer l'origine de ce magnifique dépôt de livres? Serait-il possible autrement d'en comprendre les caractères et les mérites originaux? La valeur d'une bibliothèque est aussi dans son ensemble, et cet ensemble est déterminé par les circonstances qui l'ont formé. Je n'aurai garde, d'ailleurs, de vous fatiguer de détails, non pas sans intérêt en eux-mêmes, mais inutiles ici. Il n'est pas nécessaire de remonter jusqu'aux siècles où les rois de France, de Charles V à Louis XII, eurent leur bibliothèque, composée de quelques centaines de volumes, au Louvre, dans la *Tour de la librairie*. Il n'y a pas lieu de s'arrêter davantage sur les temps qui suivirent, où, malgré la création au château de Fontainebleau de la grande bibliothèque royale transférée à Paris vers la fin du seizième siècle, le *Cabinet des livres du Louvre*

subsiste, quoique amoindri. A dire le vrai, la bibliothèque
du Louvre, dont nous regrettons la perte, date de temps
moins éloignés. On suit la trace curieuse de sa formation
depuis la Révolution jusqu'à nos jours. C'est à cela que se
borneront mes indications, et encore seront-elles très-suc-
cinctes. On ne sait pas au juste combien il y avait, ni même
très-sûrement s'il y avait des livres appartenant au *Cabinet
du Louvre*, dans le vaste amas, résultant des confiscations
et des déplacements, qui, à l'époque révolutionnaire, réunit
plus d'un million cinq cent mille volumes de toute prove-
nance dans divers dépôts du département de la Seine. C'est
de là pourtant que devait sortir la nouvelle bibliothèque du
Louvre, sous sa première forme, en quelque sorte rudimen-
taire. M. Alexandre Barbier, un des membres les plus labo-
rieux et les plus distingués de la section de bibliographie,
nommée par la Convention, ayant reçu la mission, en 1798,
de choisir, dans les dépôts, les livres qui devaient former
la bibliothèque du Directoire, s'appliqua aussi à composer
la bibliothèque du Conseil d'État. Il en était nommé bibliothécaire en 1801, et il en publiait le catalogue en deux tomes
in-folio (1).

Quand la bibliothèque du Conseil d'État, d'abord placée
aux Tuileries, fut, en 1807, transportée au château de Fontainebleau, une partie des livres de jurisprudence et d'économie politique était pourtant conservée au Louvre pour
l'usage du Conseil. Là est le premier germe. En même temps,
M. Barbier organisait un nouveau choix de livres, devant
former la bibliothèque de l'Empereur (2) et celles des palais

(1) J'emprunte ces détails, en les abrégeant beaucoup : 1° à la notice très-instructive, consacrée à M. Barbier par M. Louis Barbier,
son fils, le dernier conservateur de la bibliothèque du Louvre; 2° à
l'excellente *Notice historique* de M. Rathery, qui fut longtemps lui-
même bibliothécaire à cet établissement, *sur l'ancien Cabinet du Roi et
sur la Bibliothèque impériale du Louvre*, insérée dans le *Bulletin du Bibliophile*, en 1858, pages 1013 et suivantes.

(2) Un premier fonds, fort considérable, se trouvait dans la biblio-

impériaux. C'est en réunissant à la bibliothèque du Conseil d'État la bibliothèque de l'Empereur, qui venait s'adjoindre elle-même à la bibliothèque particulière du Roi, que, sous la Restauration, M. Barbier créa la bibliothèque placée alors dans la galerie du Louvre. Cette bibliothèque reprit son ancien nom de *Bibliothèque du Cabinet du Roi*. C'était l'inscription qu'on lisait au-dessus de la porte du guichet Saint-Thomas. La nouvelle bibliothèque s'enrichit rapidement, de 1816 à 1819, de collections fort précieuses, dont M. Barbier rédigea le catalogue.

Telle est, monsieur le ministre, la véritable origine de cette bibliothèque lentement formée et en un instant détruite. Elle devait, sous les administrateurs qui succédèrent à M. A. Barbier, c'est-à-dire sous M. Valéry, à l'époque de la Restauration, sous M. de Jouy, après 1830, et, à partir de 1847, sous M. Louis Barbier, recevoir de nouveaux développements. Tout en devenant de plus en plus un dépôt précieux d'ouvrages de tout genre et en gardant ce caractère de bibliothèque juridique, économique, historique, que lui assignait son origine, elle prenait sans cesse aussi davantage le caractère de grand luxe et de goût exquis que semblait provoquer une pareille résidence. Le moment était venu où son local, désormais insuffisant, allait être modifié. Passée au Ministère de la maison de l'empereur, et ayant reçu, en 1853, son règlement spécial, elle occupait, jusqu'au mois d'avril 1858, le second entre-sol placé sous la grande galerie du musée. Combien, depuis ses modestes débuts, ne s'était-elle pas accrue ! Aux treize salles qui existaient, à

thèque réunie, quelques années auparavant, par d'Ambreville, un fin connaisseur, qui, en sa qualité d'employé supérieur à la direction des dépôts de livres, avait été autorisé à faire pour lui un choix dans le dépôt dit *de la Culture Sainte-Catherine*. Il le fit, paraît-il, trop étendu et trop beau, et se composa une bibliothèque de 10,000 volumes, composée de bons livres magnifiquement reliés en maroquin. Cette bibliothèque fut mise sous le séquestre et offerte depuis au premier Consul.

l'époque de la Restauration, treize autres avaient été adjointes successivement. Enfin il fut décidé qu'elle serait transportée dans l'aile du Nord, nouvellement construite. Elle y remplissait la galerie qui s'étend depuis le pavillon faisant face au Palais-Royal jusqu'au pavillon Richelieu. C'est dans cette magnifique galerie, qui avait reçu tout l'ameublement et tous les ornements dont peut se parer une salle de bibliothèque, que des incendiaires, portant l'habit de la garde nationale, pénétraient à la fin de la nuit du 23 au 24 mai. Le pétrole accomplit là, comme ailleurs, son œuvre de destruction rapide avec une horrible efficacité. Vers cinq heures du matin, les flammes commençaient à paraître et ne tardaient pas à se propager. Vers une heure de l'après-midi, le sinistre travail était achevé ! Rien, dans cet emplacement désolé, dont la nudité stupéfie le regard, rien n'indique aujourd'hui qu'il y ait même eu là une bibliothèque.

Ce qu'était cette bibliothèque dans son ensemble, je viens de vous l'indiquer. Il suffira d'ajouter quelques traits pour se convaincre que ce qui la rendait précieuse, c'était l'assemblage même de tant d'éléments excellents. Au fonds primitif, toujours accru, d'ouvrages sur le droit public, l'administration, l'économie politique, l'histoire, étaient venus se joindre une superbe collection de traités, de recueils sur les beaux-arts, sur la peinture, la sculpture, l'architecture, l'ornementation ; toute la bibliothèque du musée, des livres du prix le plus élevé, de la plus splendide exécution, relatifs à l'histoire naturelle, avec des dessins ou des planches coloriées, dus à des maîtres illustres ; quantité de raretés historiques et archéologiques ; de magnifiques exemplaires offerts aux souverains, ou ayant servi à leur usage, comme la belle collection des classiques latins et français de Louis XVIII et beaucoup d'ouvrages sur l'art militaire ayant appartenu à Napoléon I<sup>er</sup>, aux princes d'Orléans et à Napoléon III ; une rare bibliothèque italienne, les grandes collections des bollandistes et des bénédictins dans les plus belles conditions qui se puissent rencontrer, et nombre de recueils factices contenant une multitude de pièces introuvables ailleurs. C'est dans cet ensemble qu'il nous faut signaler ce qui mérite éminemment, entre d'autres livres ayant une valeur considérable, d'être distingué et retenu, en essayant de mesurer, autant qu'il est possible, pour chaque grand ouvrage ou grande collection, l'étendue de nos pertes.

Voici dans quel ordre je procéderai. Je comprendrai dans cette recherche : 1° les livres manuscrits et imprimés rares ou précieux ; 2° les collections ou recueils tant manuscrits qu'imprimés, d'une importance exceptionnelle ; 3° la collection dite *collection Motteley*, offrant un caractère tout spécial, et qui est bien digne d'avoir dans ce Rapport une place à part, comme elle en occupait une dans le Louvre lui-même.

## I.

### LIVRES MANUSCRITS ET IMPRIMÉS, RARES OU PRÉCIEUX.

Il existe, disons-le d'abord avant de constater des pertes d'ouvrages manuscrits infiniment regrettables, il existe heureusement des copies du catalogue des manuscrits, et quelquefois des copies des manuscrits rares offrant le plus de valeur et d'intérêt. M. Louis Pâris notamment, le savant directeur du *Cabinet historique*, avait préparé des matériaux qui acquièrent aujourd'hui une grande importance. Il avait transcrit cette partie du catalogue et pris ou fait prendre des copies de quelques manuscrits originaux ou de fragments particulièrement intéressants. Je citerai la copie du travail de Ch. d'Hozier ayant pour titre : « *L'Impôt du sang*, ou la noblesse de France sur le champ de bataille » ; celle de la *Description de la galerie du château d'Étoges* (Marne), peinte en 1680 ; celle d'un grand nombre de *Lettres historiques des seizième et dix-septième siècles*, copiées dans les grands recueils de J. Bourdin, secrétaire d'État sous Henri II et Charles IX ; celle du catalogue détaillé du 32ᵉ volume in-folio des *Papiers et lettres originales de la maison de Noailles*, recueil mis sous séquestre à l'époque de la Révolution et

que la famille était en instance de réclamer(1) ; enfin la copie
d'un certain nombre de Vies des poëtes français extraites du
manuscrit autographe de G. Colletet.

La perte du manuscrit original de Colletet n'en reste
pas moins une des pertes les plus sensibles. Ce manuscrit,
si cher aux gens de lettres, tant de fois consulté, tant de fois
cité, ne formait pas moins de cinq volumes in-4°. Son titre
en indiquait l'objet et l'importance : *Vies des poëtes français
par ordre chronologique depuis* 1209 *jusqu'en* 1647. On voit
par là combien un tel ouvrage, contenant quatre cent cin-
quante-neuf biographies, si précieux comme objet de
curiosité, à titre de manuscrit, l'était aussi pour l'histoire
littéraire. L'original et la copie ont été brûlés (2). Est-il
impossible d'en retrouver ailleurs quelque autre copie ? On
m'en signale une qui aurait été vendue, à la vente Aimé-
Martin, à M. Durand de Lançon, copie que ses héritiers
possèdent peut-être encore aujourd'hui. En déplorant cette
perte si regrettable, je dois aussi ajouter ce qui l'atténue
dans une certaine mesure : plusieurs de ces *Vies* de poëtes
ont été publiées, et en général ce sont les plus importantes.
De nos jours, des érudits comme M. de Clinchamp, M. Paul
Lacroix, M. G. Brunet, M. Blanchemain, M. Rathery,
M. Hauréau, M. Tamisey de Larroque, ont eu l'heureuse
idée de reproduire quelques-unes de ces précieuses notices,

(1) En 1851, M. Ludovic Lalanne a rédigé le catalogue de divers
recueils de lettres originales possédées par la bibliothèque du Louvre,
et, entre autres, des papiers de la famille de Noailles. Ce Catalogue a
été, à la même époque, envoyé au ministère de l'instruction publique.

(2) M. F. de Caussade, bibliothécaire au Louvre, se proposait d'en
donner, à la librairie Lemerre, une édition complète, dont il avait réuni
de nombreux matériaux. Ces matériaux, laissés dans le bureau de
M. de Caussade au Louvre, ont été brûlés également. Il avait été ques-
tion, il y a quelques années, de publier ce manuscrit pour la collection des documents inédits de l'histoire de France. C'est M. Asselineau, de la bibliothèque Mazarine, qui proposait alors de s'en charger.
M. Asselineau avait repris cette idée de publication en 1857 ; mais la
faillite de l'éditeur arrêta tout projet, pendant qu'il faisait faire une
copie du manuscrit. On voit que ce manuscrit a joué de malheur.

parfois, il est vrai, avec un peu d'arrangement quant à la forme. D'autres manuscrits de G. Colletet et de François Colletet sont aussi à regretter. A de médiocres poésies se trouvaient réunis de curieux documents historiques et littéraires.

Nombre de personnes, se reportant à leurs anciens souvenirs de la bibliothèque du Louvre, ont cru perdu dans le même désastre un autre manuscrit bien plus précieux qu'elles y avaient admiré : les *Heures de Charlemagne.* Les *Heures de Charlemagne !* ce livre, qui réunit tous les genres d'intérêt, vénérable manuscrit dix fois séculaire, auquel s'attachent tant de traditions glorieuses ! On a plus d'une fois décrit ce bel in-folio sur peau vélin, orné de six miniatures, presque entièrement écrit en lettres d'or sur un fond pourpre, et dont chaque feuillet est entouré d'arabesques très-variées en or et en couleur. Rassurons-nous : les *Heures de Charlemagne* existent encore. Transportées, il y a quelques années, au Musée des Souverains, elles doivent leur préservation à cette circonstance et à la sollicitude de M. Henri Barbet de Jouy, le conservateur, qui nous permet aussi de conserver d'autres ouvrages précieux de la bibliothèque du Louvre, comme le *Registre de l'ordre du Saint-Esprit* et le *Sacre de Napoléon*, avec les dessins originaux d'Isabey, Percier et Fontaine.

Malheureusement combien d'autres pertes sont trop avérées et trop complètes ! C'était une rareté figurant à titre unique, que la *Bulle sur papyrus du pape Agapet*, de l'année 951. Il existe à Narbonne un *fac-simile* de cette pièce, faite il y a peu d'années. Elle a été aussi publiée dans le tome VI du *Gallia christiana*, et depuis dans les *Papyri diplomatici* de Marini. Comme valeur d'archéologie et d'art, quelle perte que celle (des *Dessins d'architecture pour le Louvre et Versailles, l'Arc de triomphe, l'Observatoire*, etc., par Claude Perrault ; 2 vol. in-folio, avec texte explicatif et autographe de Charles Perrault ! A ce recueil étaient jointes des notes de Fontaine, de Vaudoyer, de Barbier. Je citerai, parmi les manuscrits (en dehors des manuscrits historiques formant des recueils en plusieurs volumes, dont je parlerai dans un instant), les *Huit Herbiers*, manuscrit autographe de M^me de Genlis, avec dessins originaux, gros volume in-4°, magnifiquement relié; le *Choix des plus belles fleurs*, dessins originaux sur peau vélin par Redouté, 2 volumes in-folio, reliés par Simier en maroquin bleu, avec les chiffres du roi Louis-Philippe, donnés à la bibliothèque du Louvre par la reine Marie-Amélie; les *Roses*, dessins originaux de Redouté, sur peau vélin, in-folio richement relié par Simier; la *Botanique de J.-J. Rousseau*, avec dessins originaux par Redouté, grand in-8° sur peau vélin; un beau manuscrit persan du shah Hamet, avec vignettes; une *Biblia sacra*, manuscrit in-4°, du treizième siècle, sur vélin, reliure de Simier en maroquin noir, dont la dernière feuille offrait la note suivante d'une écriture fort ancienne : « *Ista Biblia fuit gloriosissimi sancti Ludovici, quondam regis Francorum.* » Mais, parmi les grands livres imprimés, à figures, comme beauté d'exécution, il y avait peu d'ouvrages plus remarquables que les *Oiseaux* d'Audubon ( *The Birds of America* ), avec quatre cent trente-cinq planches coloriées, ou à mettre au-dessus du *Traité des arbres et arbustes* de Duhamel, magnifique exemplaire sur vélin, formant quatorze volumes in-folio. Le *Musée de Florence*, de Wicar, un véritable chef-d'œuvre! Une œuvre gracieuse et riche, les *Pigeons* de M^me Knip (1)! Parmi les curiosités et les raretés historiques ou littéraires, réunies en un volume unique, comment ne pas citer au premier rang les lettres *autographes* de Henri II, du cardinal de Lorraine, d'Emmanuel-Philibert, duc de Savoie, du chevalier de Selve, d'Alex. Montanus, de Martin du Bellay, d'Adrienne d'Estouteville, de Tavanes, recueillies en un volume in-folio; celles de d'Estrées, au nombre de cent quarante-cinq (2); celles de

(1) Nous apprenons que les *OEuvres* de Borghesi ont été également brûlées.

(2) En voir le détail dans le Catalogue Germain Garnier, vente du

Louis XIV à M^me de Maintenon, formant un volume in-folio dos de maroquin (1)?

De pareilles pertes se constatent avec douleur, on n'a pas besoin de les commenter. C'étaient des pièces originales, d'un bien triste mais bien réel intérêt, que celles qui composaient l'*État des dépenses faites au Temple depuis le 13 août jusqu'au 16 novembre de l'an 1 de la République française*, et les *Comptes des fournisseurs de Louis Capet et sa famille*. M. de Beauchêne, dans son *Histoire de Louis XVII*, a en grande partie publié ces documents dans les pièces justificatives de son ouvrage. Au point de vue archéologique, c'était encore un bien précieux volume que le manuscrit intitulé *Consecratio Regis*, beau manuscrit du quatorzième siècle, avec ornements en or et en couleur, in-4° relié en maroquin rouge aux armes royales. Comment ne pas rappeler un petit traité d'histoire légendaire inédit, que son titre nous fait assez connaître : *En quel temps la cité de Lutèce fut commencée et comment elle fut nommée Paris*; manuscrit sur vélin du quinzième siècle, formant un rouleau de 16 pouces de large sur 15 de long, avec vignettes peintes? Comment ne pas signaler l'*Ordonnance de Louis XI pour l'ordre de Saint-Michel*, beau manuscrit du quinzième siècle? Une curiosité toute historique s'attachait aux trois volumes manuscrits contenant le procès-verbal de l'Ordonnance de 1667, de l'ordonnance criminelle de 1670 (deux fois reproduite); à l'Exposition des maximes et des règles consacrées par les Articles organiques, avec le Rapport également manuscrit, signé PORTALIS; à quantité de mémoires spéciaux, que je ne puis nommer un à un, mais dont le titre même révèle l'intérêt pour tous ceux qui mettent quelque prix à la connaissance intime et détaillée des institutions et de la vie privée de notre France : ces arrêts du Parlement, ces registres de la Chambre des Comptes, ces inventaires et

4 mars 1822, n° 1100, et dans le Catalogue A. Barbier, en vente du 25 février 1828, supplément, n° 37.

(1) Voir le détail dans le Catalogue Germain Garnier, n° 1131.

ces notes sur les fiefs, les domaines, les bénéfices, l'aménagement des forêts, les châteaux royaux ; ces tables si instructives des recettes et des dépenses, parfois aux armes de Colbert ou de tel autre personnage célèbre. Ajoutons-y d'intéressants et volumineux ouvrages manuscrits sur les monnaies, dont l'un commandé par le contrôleur des finances Desmarets et corrigé par le chancelier Daguesseau. On conservait, avec l'intérêt qui s'attache aux personnes royales et aux anciens souvenirs, un manuscrit autographe du jeune duc de Bourgogne, petit-fils de Louis XV et frère de Louis XVI, contenant des *Problèmes de géométrie pratique, exécutés et mis au trait.*

Encore une perte irréparable : la *Notice historique sur les sépultures d'Héloïse et d'Abailard,* livre imprimé, mais exemplaire unique tiré sur papier rose, avec les dessins originaux par Alexandre Lenoir ; et cet autre volume grand in-folio : *Paris, Saint-Cloud et dépendances,* avec les dessins originaux de Fontaine. Nous avons indiqué, en parlant des catalogues, un manuscrit en 2 volumes, extrêmement regrettable, dont M. L. Paris, grâce à une copie faite complétement par ses soins, annonce la publication prochaine en 4 volumes in-8° : nous voulons parler du livre de Ch. d'Hozier, auquel tant de familles nobles attachent un prix qu'y mettront aussi tous ceux que touche dans le passé la gloire de notre patrie, tant ce livre rappelle de traditions de courage militaire et d'héroïque fidélité au devoir ! Mais quel plus touchant adieu n'aurions-nous pas à faire à un de ces manuscrits que les amis des lettres, que tous ceux qui savent apprécier l'union d'une noble nature et d'un beau talent, ne pouvaient voir sans respect et sans émotion, le manuscrit autographe de Vauvenargues ! Il y a certes des noms plus éclatants que le nom de ce lettré plein de délicatesse, de cet écrivain ingénieux, de ce moraliste original ; il en est peu qui inspirent une estime plus profonde et une plus douce sympathie. C'était une relique intéressante à un haut degré, que l'*Essai sur quelques caractères,* écrit tout entier de sa main, formant 708 pages, et que ces *Lettres*, également autographes, adressées en si grand nombre, de 1739 jusqu'en 1745, au président à mortier du parlement d'Aix, de Saint-Vincent. Ces lettres formaient, avec celles qu'il adressa au marquis de Mirabeau et à quelques autres personnages, une autobiographie des plus curieuses, en même temps qu'un des témoignages les plus honorables de l'excellence du caractère et de l'esprit de ce jeune officier, enlevé si tôt aux lettres. Ce témoignage ne périra pas, grâce à M. Gilbert, qui était venu chercher, en grande partie, à la bibliothèque du Louvre, les éléments de la nouvelle édition de Vauvenargues en 2 volumes, édition définitive. L'auteur de l'*Éloge de Vauvenargues*, couronné par l'Académie française, rendait par là aux lettres un service dont il ne connaissait pas toute l'étendue, lorsque lui-même, trop tôt frappé, mourait quelques mois avant que ces précieuses reliques du moraliste auquel il avait consacré tant de soins et de travail disparussent pour jamais !

A cette liste funèbre je trouverais encore plus d'un ouvrage à ajouter, que ses mérites de rareté ou de curiosité rendent particulièrement digne de regret. Les bibliophiles regretteront le Rabelais de l'abbé Morellet, que son possesseur avait couvert d'annotations manuscrites, exemplaire relié en 4 volumes in-12, donné au Louvre par M. Burgaud-Desmarets avec d'autres pièces relatives à Rabelais. C'était un volume fort rare et fort curieux que l'*Albucontána*, composé d'opuscules économiques et politiques, par Pierre Arnaud, vicomte d'Aubusson ; plusieurs de ces opuscules avaient paru séparément et en divers lieux, de 1773 à 1790. D'Aubusson, grand seigneur libéral, avait applaudi aux débuts de la Révolution. On trouvait, dans ce recueil, des lettres de Turgot ou adressées à ce grand homme. Un petit ouvrage portant ce titre : *Turgot*, poëme en quatre chants, 1er janvier 1776, lettres italiques, vignettes de Cochin, était aussi au nombre des curiosités bibliographiques. Parmi les imprimés, il faut placer à un rang des plus distingués l'exemplaire unique sur vélin, acheté par Charles X, au prix, dit-on, de 50,000 francs, des *Victoires et Conquêtes*, vingt-sept volumes publiés par Panckoucke et reliés avec un grand luxe. Dans un certain nombre de cartons numérotés se trouvaient des autographes de généraux mentionnés dans l'ouvrage. Les amateurs appréciaient aussi un modeste exemplaire des *Lettres sur la profession d'avocat*, par Camus, 2 volumes in-12, avec notes bibliographiques de A. Barbier.

Parmi les manuscrits, bien que n'ayant pas le caractère autographe, c'étaient de précieux volumes que la *Collection de lettres à François I*er *et autres rois et princes, copiées sur les originaux par le sieur de Briancourt*, et que les *Lettres de Mazarin à* M*me* *de Venel*, gouvernante de ses nièces, un volume in-4°. Est-ce tout? Parmi les manuscrits en un volume ou en plusieurs, mais ne formant pas ces recueils étendus que j'ai réservés pour en parler à part, il nous faut encore mentionner des ouvrages rares ou uniques, dont la perte est irréparable au point de vue de l'histoire et de l'archéologie, tels que : le procès du président Gyroux, accusé de plusieurs crimes au parlement de Dijon, réunion de pièces rares, imprimées ou manuscrites; le procès du Bar, 5 volumes in-folio (fabrication de faux titres de noblesse); interrogatoires par le lieutenant de police d'Argenson, relatifs aux désordres de mœurs de plusieurs jeunes seigneurs qui y sont nommés, 1 volume in-folio; les Mémoires pour servir à la future édition de Moréri, par Dumasbaret, curé de Saint-Michel, de la ville de Léonard, 6 volumes in-4°; les Mémoires de Saint-Hilaire, manuscrit différent de l'ouvrage imprimé, 4 volumes in-folio (1). Enfin je trouve cité, dans les *Documents sur la Picardie*, publiés par M. H. Cocheris, bibliothécaire à la Mazarine (2), un précieux *Mémoire historique et militaire sur les provinces de France*, manuscrit in-folio de 189 folios, écriture du dix-huitième siècle. Ce qui en faisait la valeur, c'étaient le nombre et l'importance des documents descriptifs sur l'ancienne France.

(1) M. Chéruel a donné une notice sur ce manuscrit.
(2) T. I<sup>er</sup>, p. 30.

Je ne terminerai pas cette partie de mon Rapport sans ajouter que la bibliothèque du Louvre renfermait aussi nombre de volumes qui, n'ayant point par eux-mêmes un prix extraordinaire, en acquéraient un par les annotations manuscrites qu'ils contenaient. Un livre qu'un grand homme a manié, lu, médité, reçoit une sorte de consécration. Combien des notes écrites de sa main n'ajoutent-elles pas à ce sentiment de pieux respect! On trouvait, à la bibliothèque du Louvre, des volumes annotés par des hommes célèbres, tels que Cujas, Pithou, Loisel. Il suffisait d'avoir la religion des grands écrivains et des bons livres pour attribuer bien de la valeur aux *Réflexions sur la miséricorde de Dieu*, de M<sup>lle</sup> de la Vallière, annotées par la main de Bossuet. Mais les hommes qui ont commis ces lâches attentats n'étaient-ils pas étrangers et hostiles à cette religion comme à toute autre? Et l'on croirait que leur haine a éprouvé une satisfaction sauvage à détruire ces monuments du passé, comme les édifices mêmes dont s'honore une civilisation à laquelle ils ont déclaré la guerre.

## II.

### COLLECTIONS OU RECUEILS TANT MANUSCRITS QU'IMPRIMÉS, D'UNE IMPORTANCE EXCEPTIONNELLE.

J'arrive, Monsieur le Ministre, à ces collections et à ces recueils dont la perte est tantôt irréparable, tantôt au moins des plus regrettables. La bibliothèque du Louvre, ainsi que je l'ai fait observer plus haut, était particulièrement riche en ce genre. Ses origines vous en ont donné, en grande partie, l'explication. Au nombre des recueils dont la perte inspire une véritable douleur, plaçons d'abord les 9 volumes in-folio intitulés : *Lettres et pièces historiques de 1552 à 1566, provenant de Jacques Bourdin, secrétaire des finances sous Henri II, François II et Charles IX; mort en 1567.* Ce qu'il y avait là d'inestimables trésors, les historiens le savent. C'était un de ces recueils inappréciables, également chers aux érudits et aux amateurs des vieux livres, et dont la disparition laisse une profonde lacune (1).

Il faut en dire autant des *Papiers de Noailles*, collection en 39 volumes in-folio, de Lettres politiques, historiques et littéraires, de 1676 à 1730.

A quels grands événements, à quels illustres personnages des vingt-quatre dernières années du dix-septième siècle et des trente premières du dix-huitième, ces *lettres* ne touchaient-elles pas ! Quelles révélations instructives on y trouvait ! Combien n'en avaient-elles pas fourni déjà à l'historien ! Combien ne lui en réservaient-elles pas encore ! M. le duc de Noailles en avait tiré un excellent parti pour son *Histoire de Madame de Maintenon*, et l'on aurait fort à faire de citer tous ceux qui, de nos jours, avaient mis à contribution ces documents inédits, véritablement hors ligne. J'en ai dit un mot à propos des catalogues de la bibliothèque du Louvre. J'ajouterai que M. Louis Pâris, comme il nous l'annonce dans sa publication du catalogue des manuscrits, avait fourni à la maison de Noailles un inventaire complet des pièces qui composaient cette collection, et il se propose de publier cet inventaire. C'est avec le même chagrin qu'il faut constater la destruction des cinquante-cinq volumes, in-folio et in-quarto, de la *Collection des pièces, lettres politiques, historiques et littéraires, de 1630 à 1757*, par le marquis Voyer d'Argenson. Par bonheur, un des derniers descendants de l'auteur en avait tiré plusieurs volumes publiés de la Bibliothèque elzévirienne, et M. Rathery y a puisé les matériaux de sa grande publication des Mémoires, pour la Société de

(1) On trouve une indication très-détaillée de ce qui concernait la Picardie, dans l'ouvrage précité de M. Cocheris. « Les nombreuses minutes de lettres, écrit M. Cocheris, renfermées dans ces volumes, sont écrites au nom des rois de France Henri II, Charles IX, de la reine Catherine de Médicis, du duc de Guise, du connétable de Montmorency, etc. ; probablement de la main du secrétaire d'État Bourdin ou de l'Aubespine. »

l'Histoire de France. Encore une perte sensible : les *Archives de Joursanvault*, deux volumes in-folio. C'était un recueil de pièces originales et souvent pleines d'intérêt, notamment sur les quinzième et seizième siècles. Notons aussi les vingt-sept volumes in-folio de l'*Inventaire des titres et papiers des duchés de Lorraine et de Bar*, par Honoré Caille, sieur du Fourny.

Je n'ai plus qu'à insister, Monsieur le Ministre, sur l'immense valeur des collections de documents se rapportant à l'histoire de la législation politique et civile, possédées par la bibliothèque du Louvre. C'étaient quarante-cinq volumes in-quarto sous le titre de : *Mémoires secrets du parlement de Paris*, depuis 1302 jusqu'à sa suppression ; soixante-dix volumes in-folio, intitulés : *Extrait des registres secrets du Parlement, de 1500 à 1727* ; soixante-douze volumes in-folio formant le *Recueil des registres du Parlement, depuis 1739 jusqu'en 1770*. Mais, en apprenant l'incendie de la bibliothèque du Louvre, la pensée de tous ceux qu'intéresse soit la bibliographie, soit l'étude des anciens textes législatifs, s'est immédiatement portée sur une collection, on peut le dire, sans pareille, aussi étonnante par la masse et l'étendue que par l'intérêt des documents et par leur classement, qui, je l'ai indiqué à propos des catalogues, était un prodige de soin patient et d'exactitude. Les hommes qui ont poussé un peu loin et profondément leurs études juridiques, ceux qui, dans les grands corps de l'État, tenaient à prendre connaissance des précédents en matière de lois, connaissaient la collection Saint-Genis, en partie manuscrite, en partie imprimée. Rarement, le travail humain, le travail d'un seul, même aidé par un collaborateur (M. de Saint-Genis avait été précédé par un autre savant jurisconsulte, P. Gillet), a élevé un aussi vaste, et l'on peut ajouter un si utile monument. On ne comptait pas moins de sept cents volumes in-quarto pour le principal de ces recueils, le *Recueil chronologique, depuis l'an 305 jusqu'en 1790, des édits, arrêts du Conseil, arrêts du Parlement et de la Cour*

*des Aydes, sentences, lettres, patentes,* etc. M. Isambert dé-
clarait, dans l'introduction qui précède son Recueil des anciennes lois françaises, que « c'était la plus précieuse de toutes
les collections existantes sur la matière ». Selon la remarque
de M. Rathery, « on y rencontrait fréquemment des pièces
du temps, intercalées à leur date, et qui rendaient ce recueil
presque aussi précieux pour l'étude de l'histoire que pour
celle du droit public et de l'ancienne administration. » M. A.
Barbier, dans sa *Notice* sur la vie et les travaux de M. de
Saint-Genis, a publié le détail des *Tables*, non moins précieuses, qui accompagnaient ce recueil et qui donnaient aux
recherches les plus compliquées une singulière facilité. La
table *alphabétique*, depuis 305 jusqu'en 1783, formait qua-
tre-vingt-cinq volumes. La table *chronologique*, depuis 1684
jusqu'en 1786, formait dix volumes, également in-4°. La
table *imprimée* (depuis 1721 jusqu'en 1750) en avait six, du
même format. Depuis Louis XVIII, cette collection, longtemps conservée à Pantin chez la veuve de M. de Saint-Genis,
était placée dans les galeries du Louvre. Ce souverain en
avait fait examiner lui-même plusieurs volumes et avait
ensuite consenti à l'acquisition, qui fut payée 100,000 francs.
Un commis intelligent, rapporte M. A. Barbier, avait été
spécialement chargé de la continuation de la grande table.
Le même bibliographe évalue à près de quinze cents volumes l'ensemble de la collection, Recueils, Tables, Sup-
pléments, etc.

La littérature et l'histoire contemporaine avaient aussi
leur part dans ces vastes recueils, qui, indépendamment de la
valeur souvent très-grande de telle ou telle pièce, en avaient
une non moins considérable, due, ici également, à leur
ensemble. C'est à la première catégorie, à la littérature
italienne, qui était si richement représentée à la bibliothèque du Louvre, qu'appartenait cette belle *Bibliothèque pé-
trarquesque*, composée de huit cent soixante-deux volumes
et de sept cent trente-six ouvrages. Un catalogue détaillé,
publié à Milan, renfermait la description raisonnée de cette

collection, où se trouvaient un grand nombre d'éditions rares des premiers temps de l'imprimerie et plusieurs manuscrits précieux. Le roi Charles X avait acquis, à un prix très-élevé, en 1826, ce vaste recueil, du professeur Antoine Marsard, qui avait consacré sa vie à le former. Depuis lors, d'importantes additions y avaient été faites.

C'est à la fois à la littérature et à l'histoire depuis le seizième siècle jusqu'à nos jours, qu'il faut rapporter la collection dite le *Recueil A*, commencée par le libraire Nyon, vaste réunion, de douze à treize cents volumes, composée de pièces de médiocre étendue, opuscules, thèses, pamphlets, almanachs, éloges académiques, vers et satires, feuilles de circonstance, impossibles à retrouver ailleurs, matériaux de recherches, classés dans une table des matières remplissant à elle seule 2 volumes in-folio.

Enfin, nul recueil comparable à celui de la bibliothèque du Louvre sur la Révolution. La perte de ces huit cents volumes ou cartons renfermant plus de vingt mille pièces est irréparable pour l'histoire de notre temps et de notre pays. Les inventaires et catalogues, faits avec une exactitude scrupuleuse, permettaient de retrouver à l'instant la moindre de ces pièces. Ils se composaient d'une table alphabétique des noms d'auteurs, 2 volumes in-folio; des anonymes, 1 volume in-folio. Ce n'était pas tout : on avait fait un dépouillement analytique, avec indication des dates et des volumes, dont chacun portait un numéro d'ordre; on avait dressé une table des matières sur ce dépouillement, double liste des journaux de la collection, l'une alphabétique et l'autre chronologique. « Un autre recueil, écrivait M. Rathery en 1858, recueil acquis de M. Viollet-le-Duc, qui l'avait formé, et renfermant 131 volumes in-8°, in-12 et in-18, peut passer pour un appendice de celui de la Révolution. En effet, sous le titre assez inexact de *Théâtre révolutionnaire*, il comprend non-seulement un grand nombre d'œuvres dramatiques représentées ou composées de 1788 à 1825, mais encore une foule de pamphlets en vers et en prose, de satires, pièces fugitives, poésies lyriques, chansons avec musique, dont la plus grande partie se rapporte aux événements et à l'époque de la Révolution. Il en existe un catalogue spécial où chaque pièce est indiquée : 1° à sa date ; 2° par le nom de son auteur, ou par son titre, si elle est anonyme. » A l'histoire du dix-neuvième siècle se rattachaient encore quatorze beaux volumes manuscrits in-4°, acquis sous le règne de Louis-Philippe : *les Archives du grand maître des cérémonies, correspondances et procès-verbaux des cérémonies et audiences diplomatiques, depuis 1805 jusqu'en 1813.*

Plus rapprochées encore de nous par la date, se plaçaient les pièces, en nombre plus grand que partout ailleurs, sur les États-Unis, particulièrement la collection des séances du Congrès. Avec les publications de la Commission des *Records*, présents du gouvernement anglais, et quelques autres des pays scandinaves, elle achevait de donner le caractère d'un dépôt juridique et politique à cette admirable bibliothèque. La bibliothèque du Louvre s'était procuré ces documents américains, par voie d'échange et par l'intermédiaire de M. Vattemare.

### III.

#### COLLECTION MOTTELEY.

La collection dite Motteley occupait, à la bibliothèque du Louvre, toute une salle. Elle y brillait à trois titres : comme musée de reliures, comme collection d'Elzéviers; comme assemblage de livres et manuscrits rares. Il m'a fallu, le catalogue de cette précieuse collection étant brûlé comme tout le reste, recourir, pour mentionner les choses rares et précieuses qui s'y trouvaient en nombre considérable, aux souvenirs, d'ailleurs fidèles, des bibliothécaires et surtout de M. Paul Lacroix (le bibliophile Jacob). En effet, M. Lacroix avait assisté, comme exécuteur testamentaire de M. Charles Motteley, à l'inventaire qui fut fait de ses livres après sa mort ; même avant que la bibliothèque léguée par ce bibliophile à l'Etat eût passé à la bibliothèque du Louvre, il la connaissait bien, et il avait installé et classé, dans le Louvre même, comme musée spécial de bibliographie et de reliure, une partie de cette magnifique collection. Il devait lui être facile de compléter, pour ainsi dire, d'abondance de mémoire et avec une précision toute particulière , les indications que j'avais reçues d'ailleurs, en même temps que sa liaison avec M. Motteley lui permettait d'y joindre des détails qui ne sont pas sans importance sur la formation et sur différents caractères spéciaux de cette bibliothèque admirée par les amateurs. Qu'il me soit permis d'ajouter que j'ai trouvé l'obligeance du savant bibliophile égale à ses lumières.

Comme musée de reliures, la collection Motteley avait un très-grand prix. Elle se composait de reliures royales et princières, livres ayant appartenu aux rois, aux reines , aux princes et princesses de France, depuis Louis XII jusqu'à Charles X ; de reliures *aux armes* ou avec emblèmes, livres ayant appartenu aux amateurs célèbres de France, aux bibliothèques de couvents, de châteaux, de colléges ; de reliures-types ou modèles de la reliure en France depuis le seizième siècle jusqu'à nos jours, chefs-d'œuvre des maîtres depuis l'illustre imprimeur-libraire Antoine Vérard, qui était aussi graveur et relieur, jusqu'aux premiers relieurs contemporains, Thouvenin, Bauzonnet, Duru et Capé ; de reliures étrangères d'ouvrages ayant appartenu aux papes, aux cardinaux, empereurs, rois, princes, hommes illustres, reliures dites historiques ; de reliures enfin de tous les temps et de tous les pays, excellents spécimens de l'art de la reliure. On y remarquait, parmi d'autres livres, qui partout ailleurs eussent été signalés comme de beaux et rares échantillons de la reliure ou d'intéressantes curiosités historiques, deux volumes de la fameuse bibliothèque de Jean Grollier, à la devise *Grollierii et amicorum ;* surtout un Plutarque d'Amyot, première édition de Vascosan, en 2 volumes in-folio, grand pa-

pier, exemplaire de dédicace à Charles IX; la première édition
des mémoires de Martin du Bellay, en grand papier, magnifique volume in-folio, d'une reliure tout à fait rare en maroquin brun, à dorures à petits fers avec la devise embléma-
tique de veuvage de Catherine de Médicis, peinte en couleurs
émaillées ; le *Montaigne* du président de Thou ; le *Charron*
du cardinal de Richelieu ; un exemplaire des *Sorti* de Mar-
colini, avec une merveilleuse reliure vénitienne en mosaïque
de maroquin de couleur, ayant appartenu au duc de Fer-
rare, Hercule d'Este, à qui est dédié ce livre singulier ; des
livres aux armes de Diane de Poitiers, de François I<sup>er</sup>, de
Henri III, de Henri IV, etc. Ce musée, unique en Eu-
rope, était formé d'environ mille deux cents volumes, tous
d'élite.

Comme réunion de précieux Elzéviers, la collection Motteley était célèbre et bien supérieure à celle qui existe à la
bibliothèque publique de la Haye.

Pour la former, M. Motteley avait mis quarante ans et
avait parcouru l'Europe. Il avait, pour ainsi dire, fouillé la
Hollande, différents États de l'Allemagne, la Hongrie, etc.
Il avait acquis comme une science spéciale des Elzéviers,
science très-minutieuse et très-compliquée dont il avait tracé les
règles dans des papiers restés manuscrits, devenus également la
proie des flammes ; science assez raffinée, qui consiste à dis-
tinguer, moyennant tels et tels signes qu'on ne peut discerner
qu'avec beaucoup d'attention, les Elzéviers authentiques de
la plus habile imitation (1). Des catalogues de livres elzévi-
riens rédigés pour la vente, par ce savant bibliophile, qui
ne s'entendait pas moins à bien vendre qu'à bien acheter,
ont beaucoup contribué à apprendre aux bibliographes comment on pouvait reconnaître d'une manière presque infail-
lible les ouvrages imprimés par les Elzéviers de Leyde,
d'Amsterdam et d'Utrecht, entre tant de livres qui portent

(1) Voy. à ce sujet le seul opuscule qu'il ait mis au jour : *Aperçu sur
les erreurs de la Bibliographie spéciale des Elzevirs et de leurs annexes,*
par le bibliophile Ch. M. *Paris, Panckoucke,* 1847, in-12.

les noms de libraires supposés, des noms de lieux imaginaires. On juge par là aisément ce que pouvait être une bibliothèque elzévirienne composée avec une passion si éclairée.

On y distinguait :

1° Les Elzéviers authentiques, avec ou sans nom, par ordre chronologique depuis 1626 jusqu'en 1681, divisés par imprimeries d'Amsterdam, de Leyde, d'Utrecht ;

2° Les faux Elzéviers ou pseudo-Elzéviers, sortis de diverses imprimeries de Hollande, de Belgique, d'Allemagne, de France même, etc. ;

3° Les petits livres imités des Elzéviers, avec leur format, leurs caractères et leurs fleurons.

Ces trois divisions formaient plusieurs milliers de volumes à cause des doubles de toutes sortes. Chercheur infatigable des Elzéviers petit-12, M. Motteley ne croyait pas pouvoir les montrer sous trop d'aspects. Il avait donc, dans chacune des divisions elzéviriennes ci-dessus mentionnées, établi des catégories d'exemplaires :

1° Exemplaires brochés, *non rognés*, à toute marge : on y trouvait quelques *non rognés* uniques, entre autres les *Prophéties de Nostradamus* et l'*Imitatio Christi*, de la bonne date ;

2° Exemplaires reliés par les meilleurs relieurs anciens et modernes, le Gascon, Duseuil, Boyet, Padeloup, Derome, Thouvenin, Duru, Capé, Bauzonnet, etc. Il y avait donc pour chaque ouvrage quatre ou cinq reliures différentes, en maroquin de diverses couleurs et en veau fauve ; les volumes eux-mêmes différaient par la grandeur des marges qui se mesurent au centimètre ;

3° Reliures en parchemin de Hollande, telles que lorsque l'ouvrage sortait tout relié de la librairie des Elzéviers, exemplaires admirablement conservés.

La collection des volumes imités d'après le mode elzévirien était précieuse : elle contenait tous ces petits livres joyeux, satiriques, qui ont paru à l'étranger, surtout en Hollande, depuis 1640 jusqu'en 1730, livres défendus et mis à l'index, la plupart au moment de leur publication, et par conséquent devenus fort rares et presque introuvables aujourd'hui, où ils servent de documents à l'histoire des idées et des mœurs.

Les vrais bijoux de la collection des Elzéviers authentiques étaient l'Horace, le Virgile, l'Ovide, etc., du comte d'Hoym et de Longepierre.

Je finis par les livres rares et les manuscrits précieux de cette inestimable collection. Parmi les livres, les *gothiques* étaient en majorité. Ces raretés bibliographiques, livres imprimés sur vélin, plaquettes gothiques, éditions sur grand papier, exemplaires de dédicace, formaient une véritable richesse. Tel volume était estimé à plusieurs milliers de francs. On trouvait là beaucoup de vieilles poésies françaises, entre autres un recueil de dix-huit à vingt opuscules en rimes, de la fin du quinzième siècle, la plupart inconnus aux bibliographes. Il y avait aussi bon nombre d'éditions originales des classiques français. On y admirait une foule de grands livres à figures, en très-beaux exemplaires, d'incunables, d'éditions gothiques, in-folio, des imprimeurs libraires de Paris, Pasquier Bonhomme, Antoine Vérard, Guillaume Eustace, Galliot du Pré, etc. ; tels que les *Chroniques de France*, le Froissard, le Monstrelet, etc., enfin, plusieurs mystères et quelques romans de chevalerie.

Les manuscrits étaient très-remarquables à différents égards. Je signalerai un livre du plus grand prix, une admirable Bible, dite des ducs de Guise, manuscrit du quinzième siècle, sur vélin, avec une multitude de miniatures d'un travail achevé encadrant toutes les pages de texte ; un manuscrit de la pompe funèbre d'Anne de Bretagne ; deux livres de prières écrits par le calligraphe Jarry ; quatre grands manuscrits in-folio des campagnes de Louis XIV, avec des peintures de Vandermeulen et des ornements de Damoiselet; un Portulan incomparable, du seizième siècle, sur vélin, dressé par un maître-pilote de Dieppe ; des cartes marines, de la même époque , faites pour l'usage de l'amirauté de France, etc.

On ne regarde pas comme moins grande une autre perte, celle de quantité de manuscrits grecs et latins, provenant presque tous de la bibliothèque de l'Oratoire, antérieurs au quinzième siècle , parmi lesquels un Cicéron et un Horace du douzième siècle, un Virgile du treizième, un Lucrèce et un Ovide du quatorzième, etc. La plus sensible de ces pertes est le manuscrit *autographe* des œuvres de saint Agobard (neuvième siècle).

Tel est, Monsieur le Ministre, le bilan de nos principales pertes. J'ai évité de mettre des chiffres exprimant la valeur en argent pour chacune d'elles. D'une part , ces évaluations varient trop pour qu'on en puisse suffisamment garantir l'exactitude. D'autre part, les millions qu'elles représentent ne sont pas ce qui doit nous toucher le plus vivement : on ne refait pas avec des millions l'œuvre du temps , et il est tel monument d'art ou d'archéologie qu'il n'y a nul moyen humain de remplacer. Arrivât-on à se rapprocher, par les plus louables efforts, en y consacrant une patience infinie et des capitaux suffisants, du modèle disparu, on ne saurait le rétablir dans son entier, et toujours la pensée restera affligée par d'irréparables lacunes. Telle est la situation que constate ce rapport. Combien peu il s'en est fallu que les pertes qu'il signale n'aient été encore de beaucoup dépassées ! On frémit à l'idée que presque toutes nos richesses de bibliographie et d'art pouvaient disparaître d'un seul coup avec notre Bibliothèque nationale et notre musée ! Les mains sacriléges qui ont incendié tant de nos édifices publics et de nos plus précieux dépôts de livres ont trop réussi, d'ailleurs, à rendre immense la part du mal. Il dépend plus de nous de prévenir le retour de pareils désastres par une prévoyante sagesse, que d'en réparer les effets, même à force de peine et par des sacrifices d'argent.

PARIS
ADOLPHE LAINE
Imprimeur
rue des S.-Pères
19.